Ingo Siegner
Der kleine Drache Kokosnuss
Mein erstes Kochbuch

Dieses Buch gehört:

. . . .

Ingo Siegner

Der kleine Drache
Kokosnuss

Mein erstes Kochbuch

Inhalt

Nachspeisen und Kuchen

Liebe Köchin, lieber Koch

Bist du häufiger bei mir auf der Dracheninsel zu Besuch? Ja? Dann kennst du mich ja schon … Ich heiße Kokosnuss und bin ein Feuerdrache. Und das hier sind meine beiden besten Freunde: Matilda und Oskar. Matilda ist ein Stachelschwein und ziemlich klug. Oskar ist ein Fressdrache. Er isst sehr gerne, aber das ist bei einem Fressdrachen nicht *so* verwunderlich. Allerdings ist er Vegetarier. *Das* ist bei einem Fressdrachen wiederum *ziemlich* verwunderlich.

Wie du bestimmt weißt, erleben wir drei die spannendsten und tollsten Abenteuer. Und heute ist mal wieder so ein Tag!

Wir nehmen dich mit auf eine Leckerschmecker-Reise kreuz und quer über die Dracheninsel. Magst du die Bunten Buckel aus Pudding, Zauberer-Spaghetti, Zitronen-Hagelkörner, Popcorn-Salat und Kartoffelecken mit Soße …? Du weißt nicht, was das ist? Macht nichts! Denn in diesem Buch lernst du, wie man unsere besten Dracheninsel-Rezepte kocht. Kochen ist übrigens gar nicht schwer und macht viel Spaß! Also: Ran an die Kochlöffel und Töpfe!

Euer Kokosnuss

Bevor es losgeht ....

Ein bisschen Vorbereitung muss sein. Zuerst suchst du dir ein **Rezept** aus und überprüfst, ob du alle Zutaten zu Hause hast oder vielleicht noch einkaufen gehen musst.

Bevor du anfängst zu kochen, zieh deine **Kokosnuss-Kochschürze** an! Denn dann wird deine Kleidung nicht schmutzig.

Wasche dir vor dem Kochen immer die **Hände**. (Sonst hat dein Essen am Ende vielleicht eine ganz andere Farbe, und du findest niemanden, der es mit dir essen will …)

Ganz wichtig ist auch, dass du einen **Erwachsenen** fragst, ob er dir an einigen Stellen hilft. Je öfter du ein Rezept gekocht hast, desto selbstständiger wirst du es bald kochen können! Versprochen.

Für wie viele Leute kochst du? Auch das solltest du vorher wissen. Die Mengenangaben der Rezepte in diesem Buch sind für **vier Kinder** gedacht. Kochst du nur für zwei, solltest du die Angaben halbieren.

Kommen mehr zu dir an den Tisch (damit musst du leider rechnen, wenn du diese leckeren Rezepte kochst), musst du die Mengen je nach Tischmeute anpassen.

Wenn du noch nicht so oft gekocht hast, schlage ich dir ein Rezept vor, das mit nur einem Stern markiert ist. Hast du bereits etwas Koch-Erfahrung, kannst du dich an ein anspruchsvolleres Rezept mit zwei oder drei Sternen wagen.

Für alles gerüstet …

Hier sind alle Küchenutensilien aufgelistet, die du für die Rezepte in diesem Buch brauchst.

Reibe

Kochlöffel

Pfannenwender

Pfanne

Sieb

Schneebesen

Backpinsel

Töpfe in verschiedenen Größen

Backpapier

Backblech

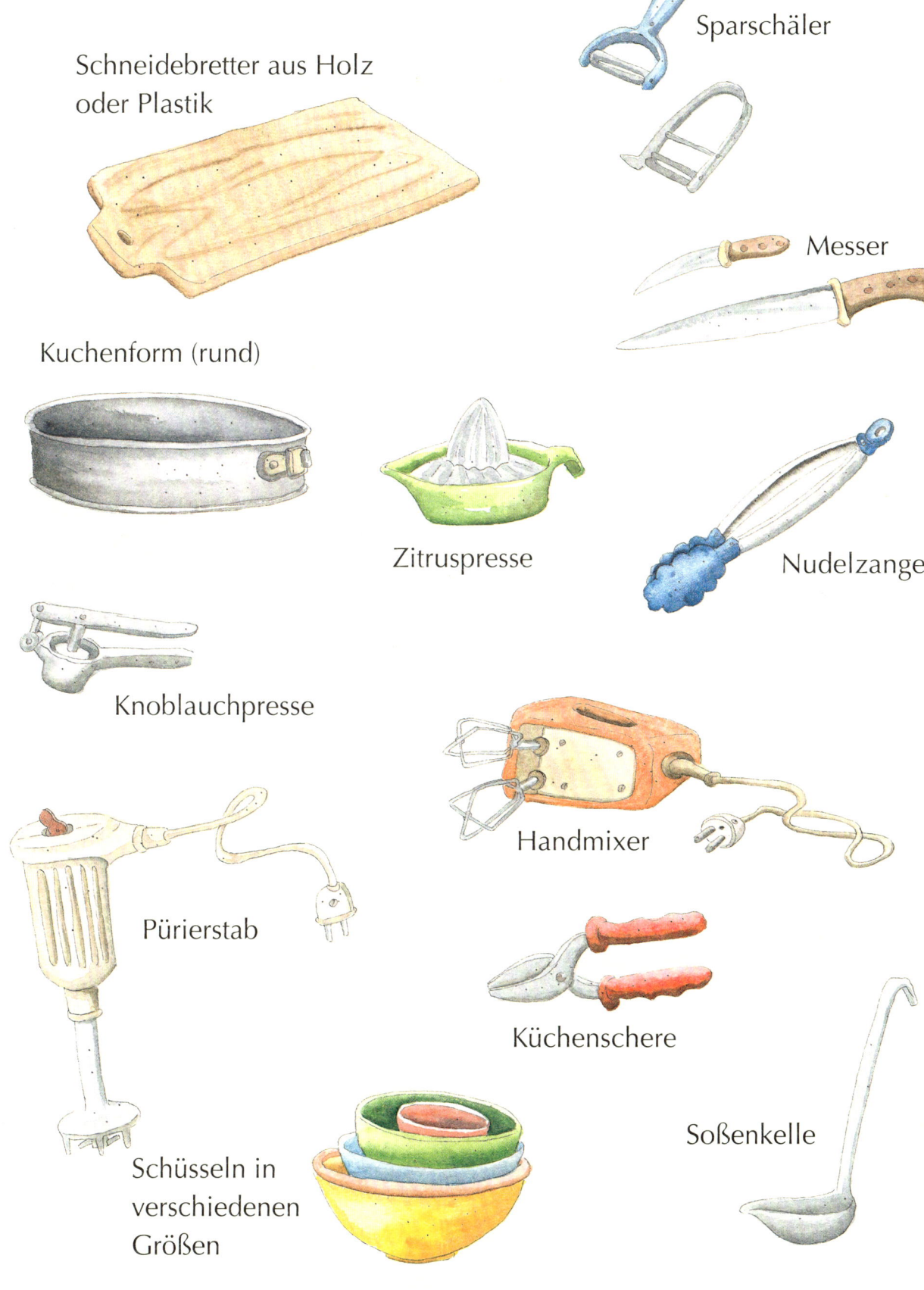

Sparschäler

Schneidebretter aus Holz
oder Plastik

Messer

Kuchenform (rund)

Zitruspresse

Nudelzange

Knoblauchpresse

Handmixer

Pürierstab

Küchenschere

Soßenkelle

Schüsseln in
verschiedenen
Größen

Loskochen ...

Waschen

Wichtig! Obst und Gemüse musst du immer vorher gründlich unter kaltem, fließendem Wasser waschen.

Schneiden

Zum Gemüse- und Obstschneiden musst du etwas Übung haben.

Halte das Messer, wenn du es aus der Schublade holst, immer mit der Klinge nach unten.

Manches, zum Beispiel Zwiebeln würfeln, ist wirklich schwierig. Lass dir von einem Erwachsenen helfen.

Die Schneideunterlage (Holz- oder Kunstoffbrettchen) musst du nach jedem Gebrauch gut abspülen.

Braten

Zum Braten brauchst du eine Pfanne (und einen Erwachsenen, der dir hilft, weil das Fett oft spritzt). Erhitze das Öl. Es ist heiß genug, wenn sich um einen Holzlöffel kleine Blasen bilden, wenn du ihn ins Öl stellst.

Kochen

Zum Kochen nimmst du einen Topf in der richtigen Größe und lässt das Lebensmittel (Nudeln, Gemüse usw.) in kochendem Wasser oder in Brühe gar werden. Es ist dann nicht mehr roh und hart, sondern weich. Benutze immer Topfdeckel und stelle den Topf stets auf ein Kochfeld, das so groß wie der Topfboden ist. Das spart Energie. Wenn du Reis oder Nudeln kochst, verwende keinen Topfdeckel.

Backen

Zum Backen brauchst du einen Backofen. Backst du mit Umluft, solltest du immer ca. 20° Celsius weniger als angegeben einstellen. Wird dein Gericht an der Oberfläche zu dunkel, kannst du es mit Backpapier oder Alufolie abdecken. Heize den Backofen immer ungefähr 10 Minuten vor, bevor du ein Gericht hineinstellst.

Vorspeisen

Matildas Gemüsestacheln mit Dip

„Wir drei sind ein super Team", sagt Kokosnuss, als er mit seinen Freunden am Strand sitzt und sie aufs Meer schauen.

„Klar. Du hast dein Feuer, Oskar hat seine spitzen Zähne und ich habe meine Stacheln", überlegt Matilda.

„Und wir sind Freunde! Das ist das Allerwichtigste", sagt Oskar. „Aber gleich danach … hm … am Zweitwichtigsten ist Essen, würd ich sagen."

Du brauchst:

Für die Gemüsestacheln:

- 5 Karotten
- 1 Salatgurke
- 3 Paprikas (nimm deine Lieblingsfarbe oder mische)

Für den Dip:

- 200 g Joghurt (ein kleiner Becher)
- 3 Esslöffel Speisequark
- 1 Teelöffel Senf
- 1 Prise Salz
- Schnittlauch

So geht's:

Die Gemüsestacheln:

1. Mit einem **Sparschäler** schälst du die **Karotten** und die **Gurke**. Die **Paprikas** wäschst du mit kaltem **Wasser** ab, halbierst sie und pulst mit den Händen die Kerne heraus. Danach noch einmal mit Wasser abspülen.

2. Nimm dir ein **Holzbrett**. Zerteile die **Gurke** in drei gleich lange **Stücke** und schneide dann alles **Gemüse** in **dünne Streifen**. Lass dir bei den harten Karotten von einem Erwachsenen helfen.

3. Fülle die Gemüsestreifen in drei **Trinkgläser**, sodass die Enden wie **Stacheln** herausstehen.

Der Dip:

1. Nimm dir eine **Schüssel** und schütte den **Joghurt** hinein. Danach rührst du vorsichtig die drei Esslöffel **Quark** und den **Senf** hinein. Schmecke die Tunke mit **Salz** ab.

2. Wasche den **Schnittlauch**, nimm das ganze „Büschel" in die Hand, schneide mit einer kleinen **Schere** kleine Röllchen ab und gib sie anschließend zur Tunke hinzu.

3. Jetzt kannst du die Gläser mit den Gemüsestacheln und ein oder mehrere Schüsselchen mit dem Dip auf den Tisch stellen, damit sich alle bedienen können.

Schlangen-Brot mit Tomate-Mozzarella

„Erinnert ihr euch noch an diese Würgeschlange? Die war gemein und fies", erinnert sich Oskar.

Kokosnuss grinst. „Du meinst die olle Riesenspaghetti? Pah! Es brauchte nur eine Pupswolke von dem kleinen Stinktier und schon war sie verduftet."

Du brauchst:

- 1 Baguette
- 200 g Mozzarella am Stück
- 4 Tomaten
- 4 Esslöffel Essig
- 5 Esslöffel Olivenöl
- 1 Teelöffel Honig
- Salz
- Pfeffer

So geht's:

1. Schneide ungefähr alle **3 Zentimeter** eine **Kerbe** in das Baguette.

2. Schneide den **Mozzarella** und die **Tomaten** in dünne Scheiben und lege in jede Kerbe eine Scheibe **Käse** und eine Scheibe **Tomate**.

3. Nimm eine Tasse und mische darin den **Essig**, das **Öl** und den **Honig** mit einer Gabel. Schmecke mit **Salz** und **Pfeffer** ab.

4. Träufle ein wenig von der **Öl-Honig-Essig-Mischung** über Tomate und Käse.

5. Lege ein Backblech mit Alufolie aus und backe die „Würgeschlange" bei 180° Celsius (Gas: Stufe 2) für 15 Minuten im Ofen.

Professor Champignons Mumien

(Würstchen in Blätterteig)

„Oh, seht mal!", ruft Oskar. „Hat unser Freund Professor Champignon noch ein ägyptisches Geheimnis entdeckt?"

„Keine Ahnung", antwortet Kokosnuss. „Das müsste ich erst mal probieren."

Du brauchst:
- 1 Packung Blätterteig (fertigen Blätterteig aus der Tiefkühltruhe gibt es zu kaufen)
- 12 Wiener Würstchen
- 24 Rosinen

So geht's:

1. Lass den Blätterteig auftauen und rolle ihn aus.

2. Schneide den **Blätterteig** in zwölf schmale Streifen.

3. Wickle die Streifen um die **Würstchen**, sodass die Würstchen wie Mumien aussehen.

4. Drücke die **Rosinen** als Augen hinein.

5. Backe die Mumien bei 180° Celsius (Gas: Stufe 2 bis 3) ungefähr 10 bis 15 Minuten im Backofen.

Kokosnusstipp:
Zu den Blätterteig-Mumien passt auch prima das Kürbisketchup von Seite 22.

⭐ ⭐ Big Bos Popcorn-Salat

„Puh, ich kann nicht mehr", stöhnt Matilda. „Das Grasland ist riesig."

„Da vorne ist Big Bo!", ruft Kokosnuss aufgeregt. „Der große Grasdrache liegt auf dem Rücken und schaut sich die Wolken an."

„Das trifft sich gut. Der riesige Drache hat sicher was zu essen für uns", meint Oskar zufrieden.

Du brauchst:

- 25 g Popcornmais
- ca. 2 Esslöffel Öl für das Popcorn
- 120 g Speckwürfel
- 1 großen Kopf grünen Salat
- 5 Esslöffel Olivenöl
- 4 Esslöffel Essig
- 1 Teelöffel Tomatenmark
- 1 Teelöffel Senf
- Salz
- Pfeffer
- 1 Teelöffel Honig

So geht's:

Das Popcorn:

1. Nimm einen mittelgroßen Topf mit Deckel und bedecke den Boden mit **Öl**. Schütte das **Popcorn** hinein und schließe den Deckel.

2. Stelle den Herd auf die höchste Stufe.

3. Nach ungefähr 5 Minuten beginnt das Popcorn zu ploppen. Ploppt es nur noch selten, nimm den Topf vom Herd – sonst brennt das Popcorn an.

4. Salze die weißen Wölkchen und rühre gut um.

Die Speckwürfel:

1. Nimm eine Pfanne und brate die **Speckwürfel** knusprig. Löse die Würfel ab und zu mit einem Bratwender vom Pfannenboden.

2. Lass sie kalt werden.

Der Salat:

1. Wasche den **Salat** gründlich.

2. Mische **Olivenöl**, **Essig**, **Honig**, **Tomatenmark** und den **Senf** zusammen. **Salze** und **pfeffere** die Salatsoße.

3. Mische Salat und Soße und streue dann erst den Speck und das Popcorn oben drauf.

Kokosnusstipp:

Nimm einen Glasdeckel für den Popcorn-Topf.
Dann siehst du, wie es ploppt!

Hauptspeisen

Oskars Kartoffelecken mit Kürbisketchup

„Mama, was gibt es zu essen?", ruft Oskar und stürmt in die Fressdrachenhöhle.

„Kartoffelecken", antwortet Adele, Oskars Mutter.

„Mit Ochse?", fragt Oskar besorgt.

„Nein, nein mit Ketchup", beruhigt sie ihn.

Du brauchst:

Für die Kartoffelecken:

- 8 große Kartoffeln
- 4 Süßkartoffeln
- Olivenöl
- Salz
- Rosmarin

Für das Ketchup:

- 500 g Hokkaido-Kürbis
- 10 Esslöffel Orangensaft
- 4 Esslöffel weißen Balsamico-Essig
- 100 g Zucker
- 1 Teelöffel Currypulver

So geht's:

Die Kartoffelecken:

1. Wasche die **Kartoffeln** und schneide sie (mit Schale) in Viertel.

2. Lege sie auf ein Backblech, bepinsle sie mit **Olivenöl**, salze sie und streue etwas **Rosmarin** darüber.

3. Backe die **Kartoffeln** bei 220° Celsius (Gas: Stufe 4) für ca. 45 Minuten im Ofen, bis sie goldgelb und weich sind.

Das Ketchup:

1. Schneide den **Kürbis** in kleine Würfel (lass dir helfen!), gebe sie zusammen mit dem **Orangensaft**, dem **Essig**, dem **Zucker** und dem **Currypulver** in einen Topf und koche sie ca. 20 Minuten.

2. Danach musst du alles mit einem Pürierstab zerkleinern.

3. Schmecke mit **Salz** ab.

Kokosnusstipp:
Mach doch gleich ein bisschen mehr Ketchup!
Wenn du es in saubere Gläser mit Schraubdeckel füllst,
hält es sich im Kühlschrank zwei bis drei Monate.

Zauberer Holunders Wurstspaghetti mit Tomatensoße

Kokosnuss rollt eine Pergamentrolle auseinander und sagt: „Ein Brief von Zauberer Holunder. Er lädt uns drei zum Essen ein, weil wir ihm gegen diesen fiesen Ziegenbart geholfen haben."

„Zauberhaft", sagt Matilda.

„Cool", sagt Oskar.

Du brauchst:

Für die Nudeln:

- 5 Wiener Würstchen
- 1 Packung Spaghetti (250 g)
- 1 Prise Salz

Für die Soße:

- 500 g passierte Tomaten
- 200 g Sahne
- Salz
- etwas getrocknetes Basilikum
- 50 g geriebenen Parmesankäse

So geht's:

Die Nudeln:

1. Schneide jedes **Würstchen** in fünf gleich große **Stücke**. Pikse 6 bis 10 ungekochte **Spaghetti** durch ein Wurststückchen und schiebe die Wurst ungefähr in die Mitte. Wiederhole das, bis keine Wurst mehr übrig ist.

2. Gib die **Wurstnudeln** in einen Topf mit kochendem Wasser. Nach ca. 10 bis 12 Minuten sind die Nudeln fertig.

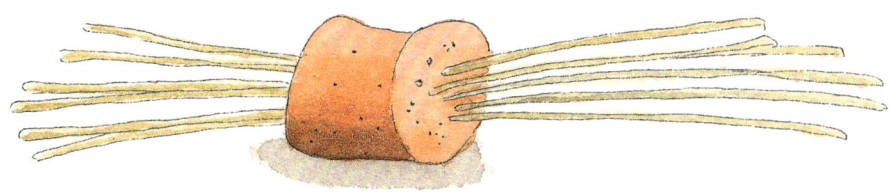

Die Soße:

1. Gib die passierten **Tomaten** zusammen mit der **Sahne** in einen Topf und erhitze sie.

2. Mische das **Basilikum** und den **Parmesankäse** dazu und schmecke die Soße mit **Salz** ab.

3. Jetzt kannst du die Wurstnudeln und die Soße auf die Teller verteilen und servieren. Guten Appetit!

Kokosnuss' Flamm(en)kuchen mit Speck

„Weißt du, wie die Lieblingsspeise der Feuerdrachen heißt?",
fragt Kokosnuss.
„Nö, wie denn?" Oskar guckt hungrig und neugierig.
„Flammenkuchen!", antwortet Kokosnuss und grinst.

Du brauchst:

- 250 g Mehl
- 1/8 l Wasser
- 4 Esslöffel Olivenöl
- etwas Salz
- Pfeffer
- 250 g saure Sahne
- 150 g Schinkenwürfel

So geht's:

1. Vermenge das **Mehl**, das **Wasser** und das **Olivenöl** zu einem Teig und knete ihn. Gib eine Prise **Salz** und **Pfeffer** dazu.

2. Lass den Teig 30 Minuten ruhen.

3. Rolle den Teig mit einem Nudelholz dünn aus und lege ihn auf ein Backblech, das du vorher mit Backpapier oder Alufolie ausgelegt hast.

4. Streiche die **saure Sahne** auf den Teig und streue dann die **Schinkenwürfel** darüber.

5. Bei 200° Celsius (Gas Stufe 3) ungefähr 15 Minuten im Ofen backen.

Kokosnusstipp:

Besonders lecker wird der Flamm-
kuchen, wenn du ihn noch zusätzlich
mit ein paar Zwiebelringen und/oder
Apfelscheiben belegst.

Armer schwarzer Ritter mit Blaubeeren

„Ich habe eine Futterfalle für den schwarzen Ritter zubereitet", sagt Kokosnuss. „Dieses Essen schmeckt so lecker, dass er auf jeden Fall hineintappen wird."

„Das ist ja eine tolle Idee", kichert Matilda.

Du brauchst:

- 8 Scheiben Toastbrot (können auch schon altbacken sein)
- 2 Eier
- etwas Milch
- 3 Esslöffel Zucker
- 1 Teelöffel Zimt
- Butter für die Pfanne
- 250 g Blaubeeren
- 500 g Apfelmus

So geht's:

1. Nimm einen tiefen Teller und schlage die beiden **Eier** hinein.

2. Gib etwas **Milch**, den **Zucker** und den **Zimt** dazu und verquirle das Ganze mit einer Gabel.

3. Tauche die **Toastscheiben** in die Milch-Ei-Soße, bis sie sich vollgesogen haben.

4. Erhitze etwas **Butter** in einer Pfanne und brate die Toastscheiben nacheinander, bis sie goldgelb sind.

5. Serviere die „armen Ritter" mit frischen Blaubeeren und Apfelmus.

Kokosnusstipp:

Verwende frische Eier! Ob die Eier frisch sind, erkennst du, wenn du sie ins Wasser legst. Sie müssen am Boden bleiben. Steigen sie auf, sind sie nicht mehr frisch!

Bobbi von Zitterpappels Kartoffelpuffer mit Pflaumenmus

„Bobbi, der Außerirdische, würde bestimmt vor Begeisterung eine Extra-runde mit seinem Ufo drehen", sagt Oskar. Zusammen mit Matilda und Kokosnuss steht er vor einem Pflaumenbaum mit unglaublich vielen reifen Früchten.

„Stimmt", kichert Matilda. „Das wäre die ideale Tankstelle für den Pflaumen-antrieb seines Raumschiffs."

Du brauchst:

- 12 große Kartoffeln
- 2 Eier
- 1 Teelöffel Salz
- etwas Mehl
- Öl
- Pflaumenmus aus dem Glas

So geht's:

1. Schäle die rohen Kartoffeln.

2. Reibe die rohen **Kartoffeln** in feine **Stifte**. Pass beim Reiben auf, dass du dir nicht die Finger verletzt. Vielleicht hilft dir ein Erwachsener.

3. Rühre die **Eier** unter die Kartoffelmasse und **salze** sie.

4. Dann bestäubst du die Masse mit **Mehl**, sodass die ganze Oberfläche weiß ist.

5. Erhitze **Öl** in einer Pfanne. Der Boden sollte gut bedeckt sein.

6. Dann formst du mit der Hand aus der Kartoffelmasse **flache Scheiben** und brätst sie auf beiden Seiten, bis sie **goldbraun** sind.

7. Die Kartoffelpuffer servierst du mit **Pflaumenmus**. Das schmeckt super!

Lianen-Spaghetti mit Linsenbolognese

„Im großen Dschungel hängt ja eine Liane neben der anderen", sagt Matilda und blickt nach oben in die Baumwipfel.

„Und alles ist so grün", sagt Kokosnuss.

„Der lianigste und grünste Dschungel, den ich kenne", sagt Oskar. „Das ist aber mal sicher."

Du brauchst:

- 1 große Zwiebel
- 1 Karotte
- 2 Esslöffel Öl
- 1 Knoblauchzehe
- 1 Dose (ca. 400 g) gekochte braune Linsen (Oft bekommt man sie mit Suppengrün. Die kannst du nehmen.)
- 2 Esslöffel Tomatenmark
- Salz
- Pfeffer
- 1 Packung (500 g) Spinat-Spaghetti

So geht's:

Die Soße:

1. Schneide die **Zwiebel** und die **Karotte** in kleine Würfel.

2. Erhitze **Öl** in einem mittelgroßen Topf.

3. Brate die **Zwiebel** im Öl an. Gib dann die **Karotte** und den gepressten **Knoblauch** dazu.

4. Gieße das Wasser der **Dosenlinsen** ab, aber hebe es in einer Schüssel auf.

5. Gib die **Linsen** und das **Tomatenmark** in den Topf.

6. Gieße ein wenig **Linsenflüssigkeit** dazu, bis eine cremige Soße entsteht.

7. Schmecke mit **Salz** und **Pfeffer** ab.

Die Nudeln:

1. Bringe **Wasser** in einem großen Topf **zum Kochen**.

2. Gib die **Spinat-Spaghetti** hinein. Nach ca. 12 Minuten sind die Nudeln fertig.

3. Jetzt kannst du Nudeln und Soße auf einem Teller schön anrichten.

 # Oskars Regenbogenpizza

„Ach, so schöne Regenbogen gibt es nur auf der Dracheninsel", seufzt
Oskar. „Zum Anbeißen schön."

„Regenbogen kann man halt leider nicht essen", kichert Kokosnuss.

„Wer weiß …", brummt Oskar. „Aber wäre es nicht toll, wenn doch …?"

Du brauchst:

Für den Teig:
- 250 g Mehl
- 1 Teelöffel Salz
- 1 Prise Zucker
- 4 Esslöffel Olivenöl
- ½ Würfel Hefe oder
  ½ Päckchen Trockenhefe
- 150 ml lauwarmes Wasser

Für den Belag:
- 100 g Crème fraîche
- 100 g geriebenen Parmesankäse
- 80 g geriebenen Mozzarella
- 1 grüne Paprika
- 1 gelbe Paprika
- 2 Karotten
- 300 g Kirschtomaten
- Rote-Bete-Scheiben
  aus dem Glas
- Salz
- Pfeffer

So geht's:

1. Schütte das **Mehl**, **Salz**, **Zucker** und **Olivenöl** in eine Schüssel. Löse die **Hefe** in einer Tasse mit warmem **Wasser** auf und gib sie dazu. Knete den Teig. Wenn er zu klebrig ist, gib noch etwas Mehl hinzu.

2. Decke die **Schüssel** mit einem sauberen **Küchenhandtuch** zu und stelle sie ca. 30 Minuten an einen warmen Ort, damit die Hefe aufgehen kann.

3. Schneide alles gewaschene **Gemüse** in kleine **Würfel**.

4. Knete den Teig noch einmal durch und lege ihn auf ein **Küchenbrett**, auf dem du etwas Mehl ausgestreut hast. Rolle den Teig mit einem **Nudelholz** aus und lege ihn auf ein Backblech.

5. Streiche die **Crème fraîche** auf den Teig und salze ihn ein wenig.

6. Streue den **Parmesan** und den **Mozzarella** auf die Pizza.

7. Nun legst du das **Gemüse** in den **Farben des Regenbogens** in Streifen geordnet darauf. Grün-Gelb-Orange-Rot-Lila-Dunkellila.

8. Zuerst die grünen Paprika-Würfel, dann die gelben Paprika-Würfel, die orangefarbenen Karotten-Würfel …

9. Backe die Pizza ca. 20 bis 30 Minuten bei 220° Celsius (Gas: Stufe 4).

10. Lass dir beim Herausholen der Pizza aus dem Backofen und beim Schneiden der Stücke von einem Erwachsenen helfen.

Kokosnusstipp:
Statt eines Nudelholzes
kannst du auch eine
leere Flasche nehmen.

 # Wüsten-Sandwürmer

(Käsespätzle mit Sauerrahm)

„Ah, Sand, so weit das Auge reicht", sagt Oskar. „Ich liebe die Große Wüste."
„Komm, wir buddeln ein bisschen", schlägt Matilda vor.
„Hihi, da kitzelt was". Kokosnuss zieht schnell seinen Fuß aus dem Sand.
„Ich glaube, ein Sandwurm hat gerade in meine Kralle gebissen."

Du brauchst:

- 500 g fertige Spätzle-Nudeln
  (getrocknet)
- 1 große Zwiebel
- Öl
- 250 g Sauerrahm

- Salz
- Pfeffer
- 100 g geriebenen Käse
  (z. B. Emmentaler)

So geht's:

1. Koche die **Spätzle** in ausreichend Wasser ca. 12 Minuten und gieße sie danach in ein Sieb ab.

2. Schneide die **Zwiebel** in Würfel.

3. Erhitze **Öl** in einer großen Pfanne. Gib die **Zwiebeln** dazu und brate sie, bis sie braungold sind. Gib die gekochten **Spätzle** dazu und rühre gut um.

4. Jetzt mischst du den **Sauerrahm** unter und schmeckst die Spätzle mit **Salz** und **Pfeffer** ab.

5. Am Schluss streust du den **geriebenen Käse** darüber. Schalte die Herdplatte aber schon aus. Warte, bis der Käse ein wenig „angeschmolzen" ist und: Fertig!

Kokosnusstipp:

Schäle die Zwiebel und schneide sie längs durch. Dann legst du sie mit der „platten" Seite auf das Brett und schneidest sie längs ein. Danach noch einmal quer und tata! Lauter kleine Würfel.

Hexen-Pfannkuchenturm mit Spinat-Käse-Füllung

„Da vorne ist der Hexenturm", sagt Matilda und stellt ihre Stacheln auf.
„Gruselgitttigitt."
„Huch, hat der schon immer so grünlich geschimmert?", fragt Kokosnuss.
„Das ist bestimmt echter Hexenschimmel", antwortet Oskar.

Du brauchst:

Für die Pfannkuchen:
- 2 Eier
- 550 ml Milch
- ca. 200 ml Mineralwasser
- 300 g Mehl
- etwas Salz

- Pfeffer
- etwas Öl für die Pfanne

Für die Füllung:
- 1 Packung Tiefkühlspinat
- 4 Esslöffel saure Sahne
- 150 g Parmesankäse

So geht's:

Die Pfannkuchen:

1. Rühre die **Eier** und die **Milch** mit dem Mixer schaumig.

2. Schütte das **Mehl**, das **Salz** und das **Mineralwasser** dazu. Rühre wieder, bis ein dünnflüssiger Teig entstanden ist.

3. Erhitze ein wenig **Öl** in der Pfanne. Gieße eine Kelle **Pfannkuchenteig** hinein und warte, bis die Masse fest ist. Dann wendest du den Pfannkuchen mit einem Pfannenwender und brätst die andere Seite. Ist er schön goldbraun, legst du den Pfannkuchen auf einen Teller. Wiederhole das, bis kein Teig mehr übrig ist.

Die Füllung:

4. Gib den aufgetauten **Spinat** in einen Topf und erhitze ihn. Füge die **saure Sahne** und den **Parmesankäse** dazu. Schmecke mit **Salz** und **Pfeffer** ab.

Die Torte:

5. Streiche die grüne Füllung auf einen Pfannkuchen, dann lege einen Pfannkuchen darauf und streiche wieder Füllung darauf. Wiederhole das, bis du keine Pfannkuchen und keine Füllung mehr hast. Jetzt kannst du die Pfannkuchentorte servieren.

 # Piraten-Fleischbällchen-Rezept vom Schlimmen Jim

„Achtung", quietscht Matilda. „Der Schlimme Jim beböllert uns mit Hackbällchen. Mal sehen, wie viele ich auf meine Stacheln spießen kann!"
„Prima", sagt Oskar. „Das gibt ein leckeres Mittagessen!"

Du brauchst:

- 8 große Kartoffeln

Für die Hackbällchen:
- 2 Zwiebeln
- 1 Ei
- 50 g Semmelbrösel
- 800 g gemischtes Hackfleisch
- Salz

- Pfeffer
- Muskat
- Öl zum Anbraten

Für die Soße:
- Speisestärke
- 20 ml Sahne
- restliches Öl in der Pfanne

So geht's:

Die Kartoffeln:

1. Schäle die **Kartoffeln** und **halbiere** sie.

2. Lege sie in **kochendes**, **gesalzenes Wasser** und koche sie ca. 25 Minuten weich.

Die Hackbällchen:

1. Schneide die **Zwiebeln** in kleine **Würfel** und mische sie unter das **Hackfleisch**.

2. Gib das **Ei** und die **Semmelbrösel** dazu und schmecke die Masse mit **Salz**, **Pfeffer** und **Muskat** ab.

3. Forme kleine Kanonenkugeln aus der Fleischmasse und brate sie in einer **Pfanne** mit **heißem Öl** braun.

Die Soße:

1. Nimm die fertig gebratenen Hackbällchen aus der Pfanne.

2. Schütte etwas **Speisestärke** auf das restliche Öl und was von den Hackbällchen in der Pfanne geblieben ist und vermische es. Dann gibst du die **Sahne** dazu.

3. Schmecke die Soße mit **Salz** und **Pfeffer** ab.

Kokosnusstipp:
Brennen die Zwiebeln in den Augen?
Strecke beim Schneiden die Zunge heraus.
Das hilft!

Gefüllte Champignonköpfe aus dem Tal der Riesenpilze

„Das letzte Mal, als wir im Tal der Riesenpilze waren, war es ziemlich aufregend", sagt der kleine Drache Kokosnuss und sieht sich um.
„Tja, unser lieber Lehrer Blumenkohl war auf die vielen Abenteuer gar nicht vorbereitet", kichert Oskar.

Du brauchst:

- 20 Champignons
- 1 Esslöffel Butter
- 1 Teelöffel Zitronensaft
- 50 ml Wasser
- ½ Teelöffel Salz

Für die Füllung:

- 150 g gekochten Schinken
- 150 g Hüttenkäse
- 1 Teelöffel Senf
- Salz
- Pfeffer
- etwas Schnittlauch

So geht's:

1. Wasche die **Champignons**.

2. Erhitze in einer Pfanne die **Butter**, das **Wasser** und den **Zitronensaft**. Das nennt man Sud.

3. Stelle die **Champignons** mit den Köpfen in den **Sud** und lasse sie 5 Minuten köcheln.

4. Die Champignons sollen anschließend im Sud abkühlen.

5. Drehe die **Stiele der Pilze** ab und schneide sie – wie auch den gekochten **Schinken** – in kleine Würfel.

6. Mische die **Pilzstielstücke** mit dem **Schinken**, dem **Hüttenkäse** und dem **Senf**. Schmecke mit **Salz** und **Pfeffer** ab.

7. Diese Füllung streichst du in die **kalten Champignonköpfe** und streust noch etwas **Schnittlauch** darüber.

# Nudel-Strudel-Torte

Kokosnuss, Oskar und Matilda stehen am Fluss und starren auf die reißende Strömung und die wilden Wirbel des Großen Mo.

„Heute können wir wohl eher nicht baden", meint Kokosnuss traurig.

„Ist doch auch gut. Dann verpassen wir nichts, wenn wir erst mal gemütlich essen", sagt Oskar zufrieden.

Du brauchst:

- 400 g Tagliatelle-Nudeln
- 2 Zwiebeln
- 250 g gekochten Schinken
- 4 Eier
- 250 g saure Sahne
- 75 g geriebenen Parmesan
- Pfeffer
- Salz
- 25 g Butter in Stückchen
- 4 Esslöffel Semmelbrösel (40 g)

So geht's:

1. Koche die **Tagliatelle** ca. 12 Minuten in einem Topf mit reichlich Salzwasser.

2. Schneide die **Zwiebeln** und den gekochten **Schinken** in kleine Würfel und mische sie.

3. Mische die **Eier**, die saure **Sahne** und den **Parmesan** mit dem Rührgerät und schmecke mit **Salz** und **Pfeffer** ab.

4. Nimm eine runde Backform und lege zunächst den Boden so mit den **Nudeln** aus, dass sie ihn ganz bedecken und einen Kreis bilden.

5. Dann legst du den **Schinken** und die **Zwiebeln** darauf. Lass aber ein wenig Platz zum Rand der Backform.

6. In diesen Rand legst du wieder **Nudeln**.

7. Schütte die **Saure-Sahne-Eier-Käse**-Masse über alles.

8. Schiebe die „Nudelströmung" bei 180° Celsius (Gas: Stufe 2–3) für ca. 30 Minuten in den Backofen.

9. Danach holst du die Form vorsichtig aus dem Backofen und streust die **Butterstückchen** und die **Semmelbrösel** oben drauf. Decke die Form mit Backpapier ab, damit das Ganze nicht zu braun wird. Anschließend noch einmal für 15 Minuten backen.

10. Bevor du die Torte anschneidest, lass sie noch zehn Minuten stehen und „fester" werden.

 # Picknick am Strand mit Stockbrot, Tomatenbutter und Limo

Kokosnuss, Matilda und Oskar sitzen am Strand der Dracheninsel und halten Stöcke mit Brotteig ins Lagerfeuer.

„Mm, wie gut das riecht", sagt Matilda.

„Jaja", sagt Oskar.

„Jajajaja. Feuerduft ist einfach das Größte." Kokosnuss schnuppert und schließt genießerisch die Augen.

„Du mit deinem Feuer!", sagt Matilda. „Ich meine doch das Brot."

„Äh, und ich die Limo", kichert Oskar.

Du brauchst:

Für das Stockbrot:
- 400 g Mehl
- 50 g Butter
- 225 ml Milch
- 1 Teelöffel Salz
- 2 Teelöffel Backpulver
- frischen Schnittlauch
- und vier lange Stöcke

Für die Tomatenbutter:
- 125 g Butter
- 2 Teelöffel Tomatenmark
- 2 Knoblauchzehen

Für die Limo:
- 2 Liter Mineralwasser
- 2 Zitronen
- ca. 100 g Zucker

So geht's:

Der Stockbrotteig:

1. Nimm eine Rührschüssel und vermenge mit einem Rührgerät das **Mehl**, die **Butter** und die **Milch** zu einem Teig.

2. Gib das **Salz** und das **Backpulver** hinzu.

3. Schneide den **Schnittlauch** mit einer Schere in den Teig und knete alles noch mal gut mit den Händen durch.

Am Lagerfeuer:

4. Nimm eine Handvoll Teig und forme eine lange Wurst daraus. Die wickelst du um den Stock und hältst ihn in die Hitze. Vorsicht! **Nicht** ins Feuer halten, sonst verbrennt dir dein Brot.

Die Tomatenbutter:

1. Lass die **Butter** zimmerwarm werden, sodass du sie mit der Gabel zerdrücken kannst.

2. Mische das **Tomatenmark** und die beiden gepressten **Knoblauchzehen** unter.

Die Limo:

1. Presse den Saft der **Zitronen** aus.

2. Schütte ihn in einen großen Krug.

3. Gib das **Mineralwasser** und den **Zucker** dazu und rühre um. Fertig!

Kokosnuss-Tipp:
Streiche die Tomatenbutter auf das noch warme
Stockbrot. Schenk dir ein Glas Limo ein. Ist das
Leben auf der Dracheninsel nicht wunderbar?

Hexe Gulas Zitronen-Risotto

„Kannst du dich noch an die Wetterhexe Gula erinnern?", fragt Oskar, als sie den Hexenwald betreten. Matildas Nase wird vor Angst weiß wie frisch gefallener Schnee. Sie nickt. „Diese olle Hexe wollte uns alle in Hagelkörner verwandeln, stimmt's?"

Du brauchst:

- 3 kleine Zwiebeln
- 1 große Knoblauchzehe
- 1 Bio-Zitrone
- 900 ml Wasser und
  2 Gemüsebrühwürfel
- 3 Esslöffel Olivenöl
- 250 g Risotto-Reis (damit wird
das Gericht sämig, obwohl
der Reis bissfest bleibt)
- 1 Prise Zucker
- 50 g Butter
- 60 g geriebener Parmesan
- Salz und Pfeffer

Vorbereitung:

1. Schneide die **Zwiebeln** in kleine **Würfel** und presse die **Knoblauchzehe** in einer Knoblauchpresse.

2. Mit einer Reibe schabst du die **Schale** von der **Zitrone**. Dann halbierst du die Zitrone und quetschst den **Saft** der Zitronenhälfte mit einer **Presse** aus.

3. Mit dem Wasserkocher bringst du 900 ml **Wasser** zum Kochen und gießt es in einen Topf. Dann gibst du die körnige **Gemüsebrühe** dazu.

So geht's:

1. Nun nimmst du eine **große Pfanne** oder einen Topf. Erhitze das **Olivenöl**. Wenn es heiß ist, gibst du gleichzeitig die **Zwiebeln**, die Prise **Zucker**, den **Knoblauch** und zuletzt den **Reis** hinein. Lass alles drei Minuten köcheln.

2. Gib einen Schwupp (ca. 200 ml) **Gemüsebrühe** dazu und die **Schale** und den **Saft** der **Zitrone**. Lass das Risotto köcheln und rühre mit dem Kochlöffel, bis der Reis die Gemüsebrühe „aufgesaugt" hat. Dann kommt der nächste Schwupp Gemüsebrühe hinein. Das machst du so lange, bis der Reis weich geworden ist. (Dauert ca. 25 Minuten.)

3. Am Schluss fügst du die **Butter** und den geriebenen **Parmesan** hinzu. Schmecke das Risotto mit Butter und Salz ab.

Kokosnusstipp:

Wenn sich am Stiel eines Holzkoch-
löffels kleine Bläschen bilden, wenn
du ihn in die Pfanne stellst, ist das
Öl heiß genug.

Muräne Muriels Seelachsstückchen in Brezelpanade

(mit Joghurt-Senf-Remoulade)

Kokosnuss sieht sich die große Muschel am Strand genauer an.

„Oh, ein Rezept von unserer Freundin, der Muräne Muriel", sagt er erstaunt.

„Lies vor", fordert Matilda den kleinen Drachen auf.

„Ein Rezept, das sicher schmeckt, hab ich hier für euch versteckt!", beginnt Kokosnuss. „Man nehme …"

Du brauchst:

Für den Fisch:

- 4 Stücke Seelachsfilet (tiefgefroren)
- 2 alte Brezeln
- 2 Eier
- Salz
- Pfeffer
- Öl für die Pfanne

Für die „Remoulade":

- 200 g Joghurt
- 3 Esslöffel Speisequark
- 1 Teelöffel Senf
- 1 Prise Salz
- Schnittlauch

So geht's:

Der Fisch:

1. Reibe die **Brezeln** mit einer **Reibe** zu **Brezenbröseln**. Vorsicht Finger!

2. Schlage die beiden **Eier** in einen tiefen Teller, verquirle sie mit einer Gabel und würze sie mit **Salz** und **Pfeffer**.

3. Wasche die aufgetauten **Filets** mit kaltem **Wasser** ab, tupfe sie mit einem Küchentuch trocken und tauche sie in das gewürzte **Ei**. Danach wendest du sie in den Brezenbröseln, bis sie damit bedeckt sind. Dann legst du sie auf einen Teller.

4. Erhitze **Öl** in der Pfanne. Wenn es heiß ist, lege die panierten **Filets** hinein und brate sie. Vorsicht beim Wenden. Die Panade geht leicht ab.

Die „Remoulade":

1. Nimm dir eine **Schüssel** und schütte den **Joghurt** hinein. Danach rührst du vorsichtig die drei Esslöffel **Quark** und den **Senf** hinein. Schmecke mit **Salz** ab.

2. Wasche den **Schnittlauch**, nimm das ganze „Büschel" in die Hand, schneide mit einer kleinen **Schere** kleine Röllchen ab und gib sie anschließend zur Remoulade hinzu.

3. Jetzt kannst du die Seelachsstückchen mit der Remoulade servieren.

Nachspeisen und Kuchen

⭐ Bunte Buckel aus Saft-Pudding

„Ob man die Blumen wohl essen darf?" Oskar schaut sehnsüchtig auf das Blütenmeer, das die Bunten Buckel bedeckt.
„Ein paar schon", sagt Matilda. „Ich zeige sie dir."

Du brauchst:

- 4 Packungen Vanillepuddingpulver
- ½ Liter Orangensaft
- ½ Liter Kirschsaft
- ½ Liter Apfelsaft
- ½ Liter Traubensaft
- 8 Esslöffel Zucker
- essbare Blüten, z. B. Gänseblümchen, Rosenblätter, Veilchen, Kapuzinerkresse

So geht's:

1. Nimm von jedem **Saft** eine halbe Tasse weg und vermische die Flüssigkeit in der Tasse mit dem **Vanillepuddingpulver** und je zwei Esslöffeln **Zucker**, bis sich die Klümpchen aufgelöst haben.

2. Erhitze die einzelnen Säfte in **vier verschiedenen Töpfen**.

3. Wenn sie kochen, rühre den **passenden Saft** mit dem Vanillepuddingpulver ein. Der Saft wird dick wie ein Pudding.

4. Nimm ungefähr **10 verschieden große Gefäße** (Schüsseln, Tassen, Gläser) und fülle die Saftpuddings ein.

5. Wenn die **Massen** kalt sind, kannst du sie nebeneinander auf eine **Platte** stürzen. Tata! Viele Bunte Buckel!

6. Nun kannst du sie mit den essbaren **Blüten** dekorieren und servieren.

Kokosnusstipp:
Natürlich geht das auch mit
Schokopuddingpulver. Nur werden
die Buckel dann nicht so bunt.

Die Himmelskratzer-Joghurtbombe

„Wir sind ja schon bei den Himmelskratzern!", sagt Oskar verwundert und deutet auf die Berge vor ihnen.

Kokosnuss kichert. „Ja, dort ist Ende Gelände mit der Dracheninsel. Erst geht es WUSCH! steil runter und dann landet man im Meer."

Du brauchst:
- 500 g Joghurt
- 400 g Sahne
- 150 g Zucker
- 100 g Schokoladeraspel

So geht's:

1. Den **Joghurt** gibst du in eine große **Rührschüssel**.

2. Dann nimmst du noch eine zweite Rührschüssel und schlägst die **Sahne** mit einem **Rührgerät** steif.

3. Mit einem Löffel rührst du vorsichtig die **Sahne** in den **Joghurt**.

4. Danach gibst du den **Zucker** hinein.

5. Lege ein **Sieb** mit einem sauberen **Küchentuch aus Stoff** aus und fülle die Masse hinein. Das Sieb stellst du am besten auf einen Topf oder auf die gebrauchte Rührschüssel, denn das „Joghurtwasser" soll nun langsam heraustropfen.

6. Nun brauchst du **Geduld** und einen Platz im **Kühlschrank**. Das Ganze sollte ungefähr 12 Stunden ruhen, damit dein Himmelskratzer auch wirklich fest wird.

7. Am nächsten Tag stürzt du das Sieb mit Inhalt auf eine **Platte**. Dann ziehst du vorsichtig das Küchenhandtuch ab. Bestreue deinen Himmelskratzer mit den **Schokoraspeln**.

Kokosnusstipp:
Stecke immer erst die
Quirle an das Rührgerät
und dann erst den Stecker
in die Steckdose.

⭐ Kokosnuss' Zauberkuchen

„Wusstet ihr, dass 1+1+1+1 manchmal 1 ist?", fragt Kokosnuss und grinst Oskar und Matilda an. „Ich kann nämlich auch zaubern."

„Schon klar …Veräppeln können wir uns selber", antwortet Matilda.

„Doch echt! Bei meinem Zauberkuchen stimmt das. Die gleiche Menge an Eiern, Zucker, Butter und Mehl ergeben zusammen *einen* saftig-leckeren Kuchen. Also 1+1+1+1=1!"

Du brauchst:
- 4 Eier (ca. 250 g)
- 250 g Butter
- 250 g Mehl
- 250 g Zucker

So geht's:

1. Nimm eine **Rührschüssel** und schlage die **Eier** hinein.

2. Dann füge die **Butter** und das **Mehl** hinzu. Rühre die Masse mit dem **Rührgerät**, bis alles vermengt ist.

3. Gib den **Zucker** dazu und rühre weiter, bis ein cremiger Teig entsteht.

4. Stelle den **Backofen** auf 180° Celsius (Gas: Stufe 2 bis 3) ein und heize ein wenig vor.

5. Gib den **Teig** in eine **Backform**. Eine Metallform musst du vorher mit Butter einfetten, damit der Kuchen später nicht daran festklebt.

6. Du kannst den Kuchen nach ca. **45 Minuten** herausnehmen.

Kokosnusstipp:

Stäbchentest. Wenn du dir nicht sicher bist, ob der Kuchen schon fertig ist, kannst du mit einem Schaschlikspieß aus Holz in die Mitte des Kuchens stechen. (Vorsicht, heiß! Lass dir dabei helfen!) Bleibt kein Teig daran haften? Dann ist der Kuchen fertig. Das wird Stäbchentest genannt.

 # Klemenzias Gespenster-Bananen

„Da vorne liegt Schloss Klippenstein. Ich sehe schon lauter Gespenster",
sagt der kleine Drache.
„Ich auch", sagt Oskar. „Aber diesmal sind sie nicht so nervenzerfetzend,
sondern eher …"
„… ziemlich lecker!", ergänzt Matilda.

Du brauchst:
- 2 Bananen
- 1 Packung weiße Kuvertüre
  (Schokolade)

- Holzspieße
- Schokotropfen aus dunkler
  Schokolade

So geht's:

1. Schäle die **Bananen** und halbiere sie. Diese Hälften schneidest du noch einmal längs.

2. Dann legst du die Bananenstücke für eine halbe Stunde ins **Gefrierfach**.

3. Bröckle die **Kuvertüre** in eine Tasse. Stelle diese Tasse in einen Topf mit etwas Wasser und bringe das Wasser zum Kochen. So schmilzt die Schokolade in der Tasse.

4. Hole die **Bananen** aus dem Gefrierschrank und spieße sie auf die **Holzstäbchen**.

5. Tauche sie in die weiße **Schokolade**, sodass sie vollständig bedeckt sind.

6. Stecke die Holzstäbchen in die Löcher eines umgedrehten **Siebes**, sodass sie gut trocknen können, ohne aufzuliegen.

7. Setze die **Schokotropfen** so, dass sie die Gespensteraugen bilden.

8. Lege dann die Gespenster noch einmal für eine halbe Stunde in den Gefrierschrank.

9. Danach kannst du die Gespenster-Bananen servieren.

 # Apfelstachelkuchen für Matilda

„Hier auf der Dracheninsel kommt das Stachelige eindeutig zu kurz", beschwert sich Matilda, als sie mit Kokosnuss und Oskar von den Drachenhöhlen aufbricht. „Es gibt viel Feuriges, Hohes und Gefräßiges … aber nix so richtig Stachliges – nur mich!"

„Warte mal", sagt der kleine Drache. „Mir fällt da was ein …"

Du brauchst:

- 1 Packung Blätterteig
  (fertigen Blätterteig aus der
  Tiefkühltruhe gibt es zu kaufen)
- 5 große Äpfel
- 250 ml Sahne

- 2 Eier
- 5 Esslöffel Zucker
- 2 Päckchen Vanillezucker
- etwas Zimt

So geht's:

1. Lass den Blätterteig auftauen und rolle ihn aus.

2. Lege den **Blätterteig** als Boden in eine runde Backform. Stich mit der Gabel ein paar Mal hinein. Dann bildet der Blätterteig beim Backen keine Blasen.

3. Schäle die **Äpfel** und schneide sie in vier Teile. Teile sie noch mal in der Mitte und schneide sie dann in dünne Scheiben, sodass sie ein wenig wie Haifischflossen aussehen.

4. Lege die Apfelscheiben so auf den Blätterteig, dass sie mit dem „Stachel" nach oben stehen.

5. Verrühre die **Eier**, die **Sahne**, den **Vanillezucker** und den **Zimt** mit dem Schneebesen und gieße die Masse über die Äpfel.

6. Backe den Apfelkuchen ungefähr 50 Minuten lang im Backofen bei 180° Celsius (Gas: Stufe: 2 bis 3).

7. Lass dir beim Herausholen des Kuchens von einem Erwachsenen helfen.

Kinder- und Jugendbuchverlag
in der Verlagsgruppe Random House

Verlagsgruppe Random House FSC® N001967

1. Auflage 2016
© 2016 cbj Kinder- und Jugendbuchverlag
in der Verlagsgruppe Random House, München
Alle Rechte vorbehalten
„Der kleine Drache Kokosnuss" ist eine Figur von Ingo Siegner.
Artwork und Design: Alfred Dieler, Darmstadt
Texte: Ann-Katrin Heger
Umschlagkonzeption: basic-book-design, Karl Müller-Bussdorf
hf • Herstellung: UK
Satz: Buch-Werkstatt GmbH, Bad Aibling
Reproduktion: Lorenz & Zeller, Inning a. A.
Druck: Anpak Printing Ltd., Hongkong
ISBN 978-3-570–17185-1
Printed in China

www.drache-kokosnuss.de
www.cbj-verlag.de